Eine Projekttherapeutin packt aus.

An dieser Stelle möchte ich mich ganz besonders bei meinem Mann Ulf bedanken, der mir Inspiration, Motivation und Freiraum gleichermaßen war wie auch immer weiter sein wird.

Ellen Schnittker
Eine Projekttherapeutin packt aus.

Von Herausforderungen im Projektgeschäft
und im ganz normalen Leben.
Oder umgekehrt.

FSC
www.fsc.org
MIX
Papier aus ver-
antwortungsvollen
Quellen
Paper from
responsible sources
FSC® C105338

Bibliografische Information der Deutschen Nationalbibliothek:
Die Deutsche Nationalbibliothek verzeichnet diese Publikation in der Deutschen Nationalbibliografie; detaillierte bibliografische Daten sind im Internet über http://dnb.dnb.de abrufbar.

© 2015 Ellen Schnittker

Illustration, Bilder: Ellen Schnittker
Herstellung und Verlag: BoD – Books on Demand, Norderstedt

ISBN 978-3-7347-8990-8

INHALT

Frische Luft.

Von Herausforderungen und Anteilnahme.

Ich setze mich einem Experiment aus: kann zu viel frische Luft ungesund sein?
Ohne Zwang und stolzen Mutes nehme ich die Herausforderung an, genau das heraus zu finden.
Was mich hierher gebracht hat, wo ich bin und was ich genau eigentlich mache... all das wird dem interessierten Leser noch mitgeteilt werden. Alles zu seiner Zeit.

Ich sitze auf einer Terrasse, die Ostsee im Blick. Hier, in der Morgensonne, starte ich meinen zweiwöchigen Selbstversuch und bin positiv gestimmt.
Es ist still, einzig ein paar vorbei fliegende Schwäne und Möwen stimmen in das zarte Meeresrauschen ein.
Nur wenige Menschen sind jetzt schon unterwegs (es ist noch weit vor acht Uhr an einem Sonntag). Wagemutige Frühaufsteher, zumeist sportlich engagiert

oder mit Vierbeinern auf ihrer ersten Runde.
Wie wundervoll.

Ich sitze hier also bei einer Tasse Tee und zerbreche mir allerhöchstens darüber den Kopf, ob ich mich jetzt schon mit Sonnenschutz eincremen soll oder vielleicht doch erst nach dem Zähneputzen? Schon wieder die Gelegenheit für ein Experiment!
Das Leben steckt voller Abenteuer...
Und wie!

In meinem Leben haben Stillstand und Muße nur wenig Raum eingenommen. Was dem Einen oder dem Anderen vielleicht ganz überraschend erscheinen mag oder „objektiv" anders bewertet würde. Mir jedoch ist klar, dass es Schlag auf Schlag ging (und auch noch geht) und zwischen den ganzen Abenteuern zu wenig Zeit für Wahrnehmen und Aufatmen geblieben ist.
Vielleicht ist aber auch der Ansatz falsch?
Warum „dazwischen" zur Muße kommen?
Warum nicht „immer" gewahr und aufmerksam sein?
Ist das möglich?

Ich glaube schon.

Hinweise darauf geben mir die Nachwirkungen, die einschneidende Erlebnisse wie beispielsweise Unglück, Krankheit oder gar Tod geliebter Menschen haben.

Ich sehe und erlebe, wie Freunde nach dem Sinn, dem Wesentlichen im Leben fragen – und sich besinnen. Sie entdecken, dass ein cooler Job und ein schnelles Auto dann nicht mehr wichtig und vor allem nicht mehr schätzenswert sind.

Denn wertvoll, wirklich wertvoll sind nur wir als Mensch – mitsamt unseren Beziehungen.

So wollen wir denn auch unsere Liebsten gut versorgt wissen, für den Fall wenn wir mal nicht mehr sind.

Wollen wir uns kümmern, quasi „über uns selbst hinaus".

Soviel (An-)Teilnahme und Vorsorge sind gut, zeigen sie uns doch, was und wer uns wirklich wichtig ist und durchs Leben trägt. Unsere Gedanken füllt und uns bewegt.

Ich plädiere für zwei Dinge:

Erstens: Mehr Anteilnahme, Vorsorge und Zuwendung zu jeder Zeit, nicht nur in Krisensituationen selbst und kurz danach.

Zweitens: Sonnencreme schon vor dem Zähneputzen (Experiment ist hiermit beendet!).

Das Leben ist einfach zu kurz.

Zeit, die verstreicht.

Über Stress und Ausgleich.

Gelingt es Ihnen, Zeit einfach so verstreichen zu lassen?

Ohne jetzt schon an das Gleich und das nächste und übernächste Gleich zu denken? Oder es zu planen?

Mir fällt das schwer, das merke ich gerade.

Da träumt man vom „einfach mal so in den Tag hinein leben" und merkt, es ist gar nicht so einfach!

Das ist mir mal eine Überraschung: auch Nichtstun will geübt werden, so scheint es mir.

Wieder eine Herausforderung für mich. Und ja, auch dieser werde ich mich stellen. Herausforderung angenommen!

Habe ich ja quasi schon mit bekommen. Womit?

Mit dahinschlendern, aufs Meer blicken und lauschen, spontan heute in einem Minimarkt (Einkaufsmarkt) am Hafen einzukaufen, statt preisbewusst in einen größeren Supermarkt zu gehen.

Nicht zu vergessen der Mittagsschlaf, und zwar am Vormittag!

Zugegeben, all das ist ein kleiner Anfang, aber auch hier gilt meine Devise: es muss nicht gleich das „ganz große Ziel" sein. In diesem Fall also keine einsame Insel ohne WLAN-Kabel und auch kein Schweigekloster.

Nein, der Vor-Mittagsschlaf ist auch mal ein willkommener „aus-dem-Trott-Bringer". Und ja, es war schön – und ich würde es wieder tun.

Mein Fazit für den ersten Tag meiner bewussten Aus-Zeit: guter Anfang, kann jedoch noch ausgebaut werden. Damit sind keine spontanen Ausreißer gemeint (heute mal Gleitschirmfliegen, morgen Apnoe-Tauchen...) sondern viel mehr das Herunterkommen und Entschleunigen. Also nicht mehr Tempo, sondern: Tempo raus!

Auf einem Kongress (zu neuen Entwicklungen auf dem Gebiet der Hirnforschung) habe ich Ausführungen darüber gelauscht, dass zu unserem stressbelasteten Leben ein ordentlicher Ausgleich gehört, um langfristig damit klar zu kommen.

Wir hören Begriffe wie „Burnout" oder „Resilienz", welche auch gerne in Zeitungen und Zeitschriften thematisiert werden.

Ja – wir alle wissen, dass dauerhafte Anspannung und Stress nicht gesund sind. Nicht, weil wir darüber oder davon lesen, sondern weil wir es schon längst merken. Wir bemerken, dass uns das Unbeschwerte abhanden kommt. Dass Gedanken sich im Kreis drehen und uns nicht loslassen. Dass wir in Gedanken womöglich schon ganz woanders sind.
Und nicht im Hier und jetzt.

Ausgleich, wie schafft man sich den?
Sport, so lesen wir. Ja, das lenkt uns ab und beschäftigt uns. Aber: ist Ablenkung wirklich ein Ausgleich? Im Grunde möchte ich doch nicht nur abgelenkt werden von etwas, was früher oder später mit aller Wucht zurück kommt.

Nein, ich persönlich suche eine Art „Gegengewicht", welches mich herunterzieht, wenn ich wieder mal oben auf der Palme sitze.

Und ja, natürlich kann Sport beispielsweise beim Abbau von Aggressionen sehr hilfreich sein – aber das ist ein anderes Thema und ich möchte hier nicht Stress und Aggression zusammen in einen Topf werfen. Schmeckt jedes für sich nicht lecker und wird zusammen gemischt bestimmt auch nicht besser.

Was, frage ich mich, kann also Ausgleich schaffen?

Ich versuche es mal mit dem Blick auf das Meer... ganz gespannt darauf, welche Gedanken mir dabei kommen.

In einer Entspannungsübung beim Yoga heißt es: Wenn Gedanken kommen, nimm sie wahr, bewerte sie nicht und lege sie beiseite (dem Sinn nach).

Ob das auch ohne Yoga mit dem Meerblick funktioniert?

Muss ich ausprobieren. Jetzt.

Zu Gast.

Vom Einladen und Gastgeben.

Gestern Abend habe ich mich als Gast-Autorin vorgestellt – Sie dürfen es auch gerne als „bewerben" bezeichnen. Ja, meine Texte lassen sich auch in Eigenregie online stellen oder verbreiten (was zu beweisen war). Aber irgendwie klingt „veröffentlicht zu werden" noch schöner. Für mich.
Das Schreiben wird mir zur lieben Angewohnheit. Es hat eine Leichtigkeit, hier – in aller Abgeschiedenheit vom Alltag – zu schreiben und meinen Gedanken freien Lauf zu lassen.

Ich grüble ein wenig über den Begriff „Gast-Autor" nach.
Wird man als Gast nicht eigentlich eingeladen? Sich selbst einzuladen hat – zumindest im privaten Kontext – zumeist einen bitteren Beigeschmack. Trifft das hier auch zu?
Naja, ich bin der Einladung gefolgt, mich vorzustellen. Auslöser war eine Offerte auf einem meiner Webportale, die ich zwecks

Networking und Akquise nutze. Insofern war der erste Schritt (also die Offerte) schon als eine Art Einladung zu verstehen.

Eingeladen zu werden oder eingeladen zu sein fällt mir nicht leicht.
Oft denke ich darüber nach, ob und was der Einladende von mir erwartet.
Ist das typisch deutsch?

Von Reisen in andere Länder habe ich Erlebnisse und Erfahrungen mitgebracht die zeigen, dass hinter Gastfreundschaft keine Erwartung steht. Es ist ein Geben. Ohne Vorbehalt oder Auflagen.

Diese Vorstellung gefällt mir, kann ich das auch mal versuchen? Also, Erwartungen abschütteln und vorbehaltlos geben?
Ist mal einen Versuch wert, denke ich und beschließe, es ganz bald mal zu versuchen.

Gastfreundschaft im privaten Rahmen ist also das eine.
Wie aber verhält es sich im geschäftlichen Rahmen? Dort habe ich ganz unterschiedliche Formen von

Gastfreundschaft erlebt – oder eben auch nicht erlebt.

Ich halte es für selbstverständlich, jemandem etwas anzubieten, der sich mit oder bei mir trifft. Da unterscheide ich nicht zwischen internen Gästen (Kollegen) oder externen Gästen (Kunden, Auftraggebern). Warum auch? Gast ist Gast.

Ähnliches erwarte ich, wenn ich der Gast bin – aber: weit gefehlt!
Ich habe von acht Stunden „auf dem Trockenen Sitzen" (nicht mal ein Schluck Wasser) bis hin zum gar nicht Sitzen (also ohne eine Sitzgelegenheit) schon so ziemlich alles miterlebt.
Und, wie Sie anhand dieser Zeilen schon ahnen, nicht vergessen.

Auch eine aus Unachtsamkeit entstandene Lücke in der Gastfreundschaft hinterlässt Spuren.
Offen gestanden fühle ich mich nicht wirklich gewertschätzt und ernstgenommen, wenn dies passiert. Da geht es ja in jedem Drogeriemarkt, der

einen Wasserspender hat, einladender und freundlicher zu!

An den hohen Kosten sollte es wohl nicht liegen, ich jedenfalls kann mir das nicht vorstellen.
Womit hat das Abhandenkommen von Gastlichkeit aber dann zu tun?

Ich vermute, es ist wirklich eine Form von Unachtsamkeit. Ach, schon wieder „Achtsamkeit" werden Sie jetzt vielleicht denken. Gut so! Genau das meine ich!
Sie ist das, was uns verloren gegangen ist. Gleichermaßen wie wir nicht auf uns selbst achten, achten wir auch nicht auf andere.
Wir sind mit anderen Dingen beschäftigt, abgelenkt von den Menschen.
Schade eigentlich.

Wollen Sie vielleicht auch einmal eine Herausforderung annehmen und Acht geben auf sich und andere?
Dann schenken Sie uns doch schon einmal einen Kaffee ein.
Ich trinke meinen schwarz, ohne Milch und ohne Zucker.

Ich bin völlig alle.

Über Selbstheilung und Schattenspringer.

„Ich bin völlig alle" spricht mein Kugelschreiber und versagt seinen Dienst (ja, ich schreibe mit der Hand und mit einem wundervollen Kugelschreiber, das hat für mich etwas Sinnliches).
„Ooooooch nö. Nur ein bisschen, noch nur noch zwei Sätze..." bettele ich. Und es klappt. Puh.

Dann im Schreibwarenladen, ich bin im Begriff eine Ersatzmine zu erwerben, schreibt er wieder, als ob nichts gewesen wäre. Rein gar nichts.
Ich handele überlegt und erwerbe trotzdem die Ersatzmine. Jetzt, wo es mit dem Schreiben so gut klappt, möchte ich auch mit meinem Lieblings-Griffel schreiben – und keinem anderem.

Kennen Sie das auch?
Erst drückt und zwickt der Schuh, und dann plötzlich: alles wie neu. Probleme? Nö, gibt's nicht.

So bereits erlebt beim Zahnarzt („Es tut gar nicht mehr weh...") und wenn Sie mal nachdenken, Sie kennen das auch, oder?
Warum ist das wohl so? Von einer Selbstheilung ist nur bedingt auszugehen, zumal es wenig später wieder schmerzt – oder der Griffel dann doch nicht mehr schreiben mag.

Wenn also keine Heilung, was ist es dann?
Hochwissenschaftlich würde ich es als „Muffensausen" bezeichnen. Dass selbst leblose Gegenstände wie Griffel Muffensausen haben können schreibe ich den Geheimnissen des Universums zu. Oder einer fremden Kugelschreiber-Gottheit.

Aber im Ernst: wir sind in der Lage, unsere Aufmerksamkeit (Achtsamkeit!!) auf etwas anderes zu richten und Dinge wie Schmerz oder Pein zu vergessen.
Eine wirklich hilfreiche Eigenschaft die es vermag, uns durch beispielsweise lebensbedrohliche Situationen zu manövrieren. Wir verharren nicht in Starre, den Fokus auf unser Leiden gerichtet,

sondern zielorientiert auf das, was wir erreichen wollen oder müssen.

Diesen Mechanismus in Bezug auf einen bevorstehenden Zahnarztbesuch auszulösen bringt mich zum Schmunzeln, ich denke das Prinzip wird aber deutlich.

Nichts desto trotz zeigt mir dieses Beispiel auf, dass wir durchaus in der Lage sind, über unseren Schatten und den inneren Schweinehund zu springen („hopp") und wahrhaft Schlaues zu tun. Schmerzen zu haben aber keine Schmerzen zu verspüren. Klasse.

Was noch spannender ist, all das schaffen wir, ohne wirklich darüber nachzudenken.
Es passiert einfach so.
Ein gutes Gefühl, oder?
Vielleicht denken wir manchmal einfach zuviel und „funktionieren" zu wenig...

Lassen Sie uns doch gemeinsam ein bisschen lockerer werden und etwas treiben.
Intuition, Erfahrung, Bauchgefühl... wie auch immer wir das nennen mögen: wollen wir es mal darauf ankommen lassen?

Mein Griffel ruft laut „Hurra! Ich will!" und blieb mir für den gesamten Text (und noch viele weitere) treu.

Dankeschön!

Warum eigentlich nicht?

Von Motivation und Klarheit

Warum eigentlich nicht? Das denke ich mir gerade und überlege, trotz des wundervollen Wetters keinen Outdoor-Tag zu planen. Das mache ich lieber, wenn es nicht so schön sonnig ist!
Klingt komisch – ist aber so.

Ich mag es sehr, an der See zu sein und mich durchpusten zu lassen. Strandspaziergänge bei ruhiger See und Sonnenschein? Nicht mit mir!
Ich vermute im Stillen, dass ein Urlaub auf den Malediven vielleicht doch nicht das Richtige für mich wäre. Ich könnte es aber trotzdem mal ausprobieren.
Warum eigentlich nicht?

Diese Frage stelle ich (neben vielen anderen Fragen) ausgesprochen gerne auch im beruflichen Kontext.
Da freut sich meine psychologische Seele: tue Unerwartetes! Sorge für Irritationen!
Und, Sie ahnen es vielleicht schon – es klappt.

„Irritieren anstelle von Eskalieren" heißt hier meine Devise.
Warum eigentlich nicht?

Tatsachen im Projekt offen aussprechen?
Warum eigentlich nicht?
Dem Kunden gegenüber ganz offen sein?
Warum eigentlich nicht?
Einer anderen Meinung sein und dies auch offen kundtun?
Warum eigentlich nicht!

Um mich auf meine selbstständige Tätigkeit vorzubereiten habe ich Rat und Tat im Rahmen eines Coachings gesucht.
Eine zentrale Frage, die ich mir jetzt immer noch vergegenwärtige war: „Was ist das Besondere an Ihnen, das Sie einzigartig macht?".
Ohne zu überlegen habe mich mit „Klarheit" geantwortet.

Was meinte ich damals und auch noch heute damit?

Mir ist es wichtig, „klar" zu sein. In Bezug auf mich selbst zum Beispiel.

Zu wissen, wer ich bin und was ich bin. Wo ich stehe. Was ich von den Dingen halte. Also: über mich selbst im Klaren zu sein.

Aber auch für andere: klar in der Kommunikation, mich also verständlich und eindeutig auszudrücken. Dem Gegenüber die Möglichkeit zu geben, mich wirklich zu verstehen.
Diplomatisch - aber und ja, gerade deswegen offen und ehrlich zu sein. Der andere darf und soll meine Meinung kennen. Soll mich ruhig einschätzen können. Sich auf mich verlassen können.

Das ist die Art und Weise, wie ich an Menschen herangehe.
Ich stelle viele Fragen.
Nicht immer, weil ich etwas nicht weiß, sondern mich vielmehr vergewissern will.
Gewissheit schaffen und Gewissheit haben.
Für mich und mein Gegenüber.

Gerade im beruflichen Kontext (also in Projekten, als Projektmanagerin z.B.) vergessen wir manches Mal, dass wir doch ein gemeinsames Ziel verfolgen.

Darauf muss ich aber als Projektmanagerin bestehen!

Wäre es anders, das Projekt wäre zum Scheitern verurteilt und könnte nur mit erheblichem Aufwand und daraus resultierenden Verlusten abgeschlossen werden.

Abschluss = Erfolgreich?

Das liegt im Auge des Betrachters.

Ich habe in vielen Projektsituationen folgende Frage auf der Zunge gehabt: „Lieber Kunde „X", was ist eigentlich deine Absicht und dein Ziel in diesem Projekt?".

Meistens hält mich die Geschäftsführung für die ich arbeite davon ab, genau diese Frage zu stellen. Das mache ich dann eben in den internen Projektgesprächen, um zumindest die Einschätzungen der anderen Projektmitglieder zu erfahren.

Was dann kommt, sind natürlich lauter Annahmen und Mutmaßungen. Sie sagen vermutlich weniger über den Kunden und seine Absichten als über den Aussprechenden aus — durchaus interessant und hilfreich, jedoch nicht die Antwort, die ich so gerne vom Objekt der Begierde selbst hätte.

Um diese zu erhalten, sollte ich sie doch direkt stellen.
Warum eigentlich nicht?
Herausforderung angenommen!

Gedankenexperiment:

Ich: Lieber Kunde X, was ist Ihre Absicht und Ihr Ziel im Projekt?

Kunde X: Wie bitte?

Ich: Mich interessiert Ihre Meinung hierzu, damit ich mich darauf einstellen und gut mit Ihnen zusammen arbeiten kann.

Kunde X: Das bin ich so noch NIE gefragt worden!

Ich: Dann fangen wir jetzt damit an.

Kunde X (immer noch verblüfft) sucht nach Worten – und findet sie schließlich.
Ich stelle Fragen da, wo mir etwas unklar bleibt und ich mehr Informationen benötige.

Gemeinsam nun können wir die Projektziele und die Projektplanung besprechen und den Grundstein für unsere partnerschaftliche Zusammenarbeit legen.

Fazit:
Darum eigentlich DOCH!

Über Projekterfolg und die Spinne im Netz.

Vor einigen Tagen hatte ich ein interessantes Telefonat. Es ging um eine Projektausschreibung, für dich ich mich als Projektmanagerin vorgestellt hatte – und nun sollte ich am Telefon hinsichtlich meiner Eignung und Erwartungen abgeklopft werden.

„Routine", so dachte ich, war jedoch gespannt darauf, wie sich dieses Interview entwickeln würde. Es geht ja schließlich ums Geschäft.

Susan aus London rief bei mir an, und nach dem üblichen anfänglichen Geplauder (Wie geht es ihnen... bli bla blub) ging es ans Eingemachte:

Werdegang, Beispielprojekte: OK.
Organisatorisches, Tagessatz: OK
Verfügbarkeit: OK

Und dann diese Frage, welche mich sehr überrascht hat:

„Was glauben Sie, ist der wichtigste Garant für das Gelingen eines Projekts?".

Toll!!! Endlich fragt mal jemand danach!
Ich musste keine Phrasen dreschen und konnte stattdessen aus Erprobung und Erfahrung sprechen: „Kommunikation". Immer im Dialog bleiben, alle auf dem Stand der Dinge halten, klare und deutliche Aussagen machen und auf Unsicherheiten sofort reagieren.

Meiner Erfahrung nach „läuft" das Projekt dann ganz einfach rund.
Projektteam wie Kunde sind stark eingebunden und werden gehört.
Nur im Dialog, im direkten Austausch lassen sich Projekte steuern.

Es geht nicht darum, dass jeder Recht hat oder alles nach jedermanns Wünschen geht, nein.

Es geht um die Kultur, wie wir sie im Projekt pflegen und die Art und Weise, wie wir miteinander umgehen.
So lassen sich Probleme und Widerstände gemeinsam lösen.

Das ist Projektarbeit für mich.

Als Projektmanagerin bin ich die Spinne im Netz.
Bei mir laufen alle Fäden zusammen.
Fehlen Verbindungen, werden diese durch mich geschaffen.
Ich registriere, wenn es „wackelt" und achte darauf, dass das Netz immer stabil gespannt bleibt.
Für Lücken werden Überbrückungen geschaffen.
Und wenn das Projektnetz in Gefahr gerät, muss auch mal verteidigt werden. Oder gewackelt, damit die Spinne x-Mal größer aussieht und sich der gebührende Respekt wieder einstellt.

Der Vergleich mit Spinne und Netz hakt vielleicht an der Stelle, wo es um die Beute geht.
Da bin ich dann „raus" und übergebe das Wort an diejenigen, die mit so einer un-durchdachten Bildsprache einfach nicht klar kommen (Denken Sie sich bitte den stark ironischen Unterton).
So ist es eben mit uns Spinnern...

Ach ja, der weitere Verlauf des Gesprächs war weiterhin kurzweilig und anregend.
Auf beiden Seiten ist ein guter Eindruck entstanden.

Was daraus geworden ist?
Nun ja, der Kontakt zwischen Personalvermittlung und Freelancer besteht immer noch.
Dem Kunden von damals jedoch bin ich – ganz offen ausgesprochen – zu kostspielig.

So ist es eben im Leben.

Die einen sagen so, die anderen so.

Von Phrasen und Würmern.

Die einen sagen so, die anderen so.
Ich mag diesen Satz.
Weil er so schön unkonkret ist und als Phrase nur dazu dient, ein Gespräch zu überbrücken – nicht aber um eines zu führen.

Ich bin amüsiert, wenn dieser Satz fällt und gebrauche ihn zu meinem Amüsement auch gerne selbst. In voller Absicht und immer dann, wenn ich nichts zu sagen habe oder nichts sagen möchte.

Aber, wie wir ja alle wissen: „Man kann nicht nicht kommunizieren".
Was hat der gute Paul Watzlawick da nur angerichtet? Als Psychotherapeut hat er Erfahrungen und Ergebnisse seines Wirkens festgehalten. Gerade in der Paartherapie, so hat er herausgefunden, ist die Kommunikation das A und das O.
Mittlerweise ist seine Aussage zum Synonym für

„Keine Antwort ist auch `ne Antwort" geworden und findet dann gerne Anwendung, wenn wir unsere Enttäuschung über eine fehlgeschlagene Kommunikation ausdrücken möchten.

Man kann mit diesem Satz einen Vorwurf äußern, ohne ihn jedoch aussprechen zu müssen – und wähnt sich dabei auf der sicheren Seite.

Sicher zu sein ist ein Grundbedürfnis von uns Menschen. In der Bedürfnishierarchie von Maslow zählt die Sicherheit zusammen mit den physiologischen und sozialen Bedürfnissen zu den Grundbedürfnissen.

Flapsig ausgedrückt:

Satt, warm, sicher und in der Gruppe.

Wenn uns das Gefühl der Sicherheit verlässt, reagieren wir in der Regel mit Unsicherheit (Sie bemerken den Wortwitz!) und unterschiedlichen Ausdrucksformen von Angst.

Das kann sich in Aggression (Flucht nach vorn) oder in Depression (Rückzug) äußern.

Und allem, was dazwischen liegt.

Im beruflichen Kontext ist dies manchmal nicht ganz passend und auch minder hilfreich – mitunter jedoch nicht zu verhindern.

So sehen wir uns in der Situation quasi selbst zu wie wir etwas tun (z.B. motzen oder mauern), obwohl wir das gar nicht beabsichtigen.

Es geht mit uns durch.

Im Grunde steckt in Reaktionen wie Angst oder Aggression auch etwas Gutes.

Es zeigt uns (die wir solche Emotionen zuerst wahrnehmen, weil sie in uns stecken), dass es an das Eingemachte geht.

Und genau an diesem Punkt können wir – ganz bewusst und voll beabsichtigt – nun doch handeln:

Fragen wir uns doch einmal, was hier gerade abläuft. „Warum bin ich verunsichert?" oder „Warum wurmt mich das jetzt so?".

Mit ein bisschen Offenheit und Ehrlichkeit uns selbst gegenüber sind wir dann für das nächste Mal gewappnet und vorgewarnt.

Wir haben es in der Hand und können ein Stück weit steuern, wie wir beim nächsten Mal reagieren werden.

Die einen sagen so, die anderen so.

Alles ist leicht, bevor es schwierig wird.

Über das Aufschieben von Risiken.

Alles ist leicht, bevor es schwierig wird. Ein „Postkarten-Satz", den ich wirklich klasse finde.

Wie gerne schiebt man (ja, auch ich!) etwas vor sich her. Und weiter. Und noch weiter... bis es sich nicht mehr aufschieben lässt.

Zugegeben: einfacher ist die Sache damit auch nicht geworden.

Mal sehen, ob ich ein Beispiel aus meinem Alltag finde...

Ach ja, die Autowäsche zum Beispiel.

Nicht, dass ich selbst Hand anlegen müsste, oh nein, aber selbst die Fahrt zur Waschstraße lässt sich prima aufschieben.

Keine Lust.

Keine Zeit.

Zu voll da.

Morgen soll es sowieso regnen.

Das löst das Problem und den Schmutz von ganz alleine...

Das mit dem Regen werde ich mal ausprobieren, kann mir aber schon ausmalen, wie das Ergebnis dann aussehen wird.
Ob der Regen das wirklich packt?
Eher nein.
Ich fahre jetzt aber trotzdem nicht zur Waschstraße, Basta!

Tue ich mir und meinem fahrbaren Untersatz damit einen Gefallen?
Vermutlich nicht.
Wird denn wenigstens der Aufwand dadurch geringer?
Wieder nicht.
Sind das nicht schon zwei Argumente, die dafür sprechen?
Vermutlich ja – ich mache es aber trotzdem nicht, Ätsch.

Was im Privaten durchaus machbar und keinen großen Schaden anrichtet, kann jedoch im beruflichen Kontext durchaus verheerende Folgen haben.

In vielen Projekten stelle ich fest, dass beispielsweise das Risikomanagement zwar vom Pflegen einschlägiger Listen lebt... aber mehr dann auch nicht.

Will sagen, dass die einzige Maßnahme im Grunde darin bestand, Risiken in Listen einzutragen. Frei nach dem Motto: in der Liste, aus dem Sinn.

Sogenannte Risiko-Register sind ein guter Anfang, aber längst nicht alles. Die Liste wird's nicht richten, wenn es denn passiert. Nach dem Identifizieren und Bewerten von möglichen Risiken und dem Eintrag in die entsprechende Liste muss noch das „Managen" erfolgen.

Ausgenommen davon sind allenfalls Risiken, die wir bereit sind in Kauf zu nehmen und im Fall der Fälle voll zu tragen.

Für alle anderen Risiken gilt: Maßnahmen zur Vermeidung oder Minderung der Eintrittswahrscheinlichkeit oder des zu erwartenden Schadens im Falle des Eintritts zu ergreifen oder zu planen.

Listen helfen den Überblick zu behalten, aber handeln müssen dann wir im Projekt.

Und auch hier sehe ich den Zeitpunkt zum Handeln ganz genau so, wie meine Postkarte es formuliert: „Alles ist leicht, bevor es schwierig wird".

Also von Beginn an: planen, steuern, handeln und immer wieder gegen-checken. Hält Risiko und Schaden in Schach und in Grenzen.
Das Projektteam bleibt aufmerksam und immer im Bilde.

Ich glaube, dass jeder von uns schon überrascht wurde von etwas, was sich eigentlich schon die ganze Zeit über als dunkles Wölkchen am Himmel ankündigte. Und dann, „plötzlich und unerwartet", stehen wir nass im Regen.
Insgeheim konnten wir es vorahnen und auch besser wissen, wir haben jedoch auf Risiko gespielt – und dieses Mal eben nicht gewonnen.

Im Projekt ist der Schaden jedoch größer als ein nasses Hemd: und gelegentlich auch viel schwieriger zu bereinigen, als sich einfach etwas Trockenes anzuziehen.

Es gibt unterschiedliche Methoden, Risiken zu bewerten oder einzuschätzen.

Ich finde das „Szenario" recht anschaulich. Wie durch einen Trichter sieht man sich den „Best Case" und den „Worst Case" an, wobei sich beide Ausprägungen jeweils am Ende des Trichters (am dicken Ende) befinden (oben und unten). Ist der Hals des Trichters zu Beginn noch schmal und der Abstand von „Best" und „Worst" noch gering, wird er im Verlauf immer größer und gewichtiger. Am Ende geht es (ganz wie bei einer Schere) weit auseinander.
Der Schaden wird mit Projektverlauf also immer größer.
Soweit die Theorie.
Die sich in der Praxis leicht wiederfinden lässt.

Brücken, die in der Mitte nicht zusammen passen, weil am Anfang auf einer Seite ein Millimeter fehlte, aus dem dann ein ganzer halber Meter wurde.
Sprenkler-Systeme ohne Wasseranschluss, der sich nachträglich nicht nachrüsten lässt. Also muss schnell mal ein Wassertank gebaut werden.

Hitze im Sommer, zu heiß für Klimaanlagen.
Schnee und Eis im Winter, zu kalt für Bahnweichen...

Alles hat mal klein angefangen und dann eine ganz große Karriere gemacht.
Wenngleich ohne Ruhm, dafür aber mit reichlich Spott.

Wie wäre es also, von Beginn an hierauf ein oder besser noch zwei Augen zu haben?
Das Rad muss nicht neu erfunden werden, es gibt viele tolle Ideen und Vorstellungen zu diesem Themenbereich, derer wir alle uns bedienen können.
Ganz abgesehen von unseren eigenen Erfahrungen.

Und ja:
Alles ist einfach, bevor es schwierig wird.

Nachtrag:
Ich habe es doch geschafft, vor dem Regen in die Waschstraße zu fahren... wofür brauche ich denn überhaupt einen Wetterbericht, wenn der Regen doch nicht kommt... grummel.

Und: der Wagen ist nicht komplett sauber geworden.
Alles ist einfach, bevor es schwierig wird...

Wenn ich du wäre, wäre ich lieber ich.

Vom dicken Hals zum Rollentausch.

Bislang ist sicherlich schon klar geworden: ich mag die Feinheiten in der Sprache.
Es gibt viele schöne Formulierungen, die über Symbol und Bildsprache wundervolle Bedeutungen preisgeben.

Der „dicke Hals" zum Beispiel.
Hat jemand einen dicken Hals, dann spürt er vielleicht auch das Zuschnüren, die Enge, vielleicht sogar die Atemnot. Der dicke Hals ist – über die ausgedrückte Unzufriedenheit und Verärgerung hinaus – ebenfalls eine körperliche Reaktion.
Im wahrsten Sinne des Wortes „psychosomatisch".

Was zuerst da war, die Emotion oder aber die körperliche Reaktion ist vermutlich von Fall zu Fall unterschiedlich und bedarf der Einzelfallbetrachtung.

„Wenn ich du wäre, wäre ich lieber ich" – was meinen wir, wenn wir das sagen?

„Ich möchte nicht mit dir tauschen", das könnte gemeint sein.
Schade eigentlich.

Denn ein Rollentausch oder ein gedanklicher Seitenwechsel ist aus meiner Sicht ein grandioses Mittel, um Konfliktsituationen zu entzerren. Und nein, ich meine keine Rollenspiele, dazu komme ich noch später.
Konflikte entspringen oftmals einem gegenseitigen Nicht-Verstehen. Wir verstehen den Anderen oder die andere Seite nicht, weil wir ihn oder sie nicht erkennen – im philosophischen Sinne.
Unbekanntes ist uns unverständlich. Klar.

Ein Seiten- oder Rollenwechsel bietet ungeahnte Möglichkeiten, nämlich hinter die Fassade zu blicken und durch die Kulissen zu streichen. Was wir dort sehen oder erleben schafft Klarheit.
„Ach so...", werden Sie dann vielleicht denken „...das ist also der Grund für XYZ.".

Leicht gesagt, aber wie genau soll das denn gehen?

Faktisch ist ein Rollentausch kaum möglich.

Wie also den Standpunkt bzw. den Blickwinkel verändern?

Solange wir nicht alle über die Gabe des Gedankenlesens verfügen und auch keine Mentalisten sind, scheint das also unmöglich.

Rollenspiele außerhalb von Workshops oder Weiterbildungen fallen ebenfalls weg (sie sind auch nicht meine erste Wahl aus dem Methodenkoffer).

Mein Tipp: Fragen stellen!
Wer, wie, was, warum...
So mache ich das immer. Und stoße so auf Hintergründe oder kann Beweggründe auftun.
Kein Hexenwerk, einfach nur mal gefragt und aufmerksam zugehört.
Ein Geben und Nehmen natürlich.
Bedeutet, dass auch ich von meinen Hintergründen erzähle.

Aber es geht nicht darum, einen Seelen-Striptease hinzulegen.

Aber darum, dem anderen die Möglichkeit
zu geben, mich zu verstehen.

Klarheit:
Verständnis schafft Klarheit.
Und Klarheit verhindert Unverständnis.
Und die daraus resultierenden Konflikte.

Wenn ich du wäre, wäre ich lieber ich.
Ach, sei doch ein kleines Bisschen beides.

Die Weisheit mit dem Löffel gegessen.

Über Projektabschlüsse und „Wünsch dir was".

Zu einem Projektabschluss gehört – der Standardisierung sei Dank – immer mal wieder die Rückschau (Review) mit den sogenannten „Lessons Learned" (daraus zu ziehenden Lehren).

Und in diesen ähneln sich mehr oder weniger alle Projekte.
Was mich zur Frage verleitet: „Was bitteschön, wurde denn schon daraus gelernt?".
Wo es doch immer wieder neu auftaucht, also als Erkenntnis.

Einer nicht repräsentativen Umfrage in meinem Projekt-Bekanntenkreis sowie eigenen Erfahrungen zufolge lassen sich genau die Lehren ziehen, denen auch die Projekt-Ratgeber und Sachbücher auf die Schliche gekommen sind.

Klare und realistische Ziele, eine angemessene Zeitplanung, eine gute Projektvorbereitung.
Viel mehr braucht es nicht.
Aber: weniger bitte auch nicht!

Projekte sind qua (meiner) Definition „Ausnahmezustände, die als einmalig vorgesehenes Langzeit-Ereignis den Normalbetrieb aus der Bahn werfen".
Das Projekt überrollt das Tagesgeschehen mit neuen Anforderungen und mit neuen Vorgaben.
Aus Kollegen und Mitarbeitern werden Leidensgenossen, wenn es um Projekt-Erfolgsdruck geht.

Was wir im Eifer des Gefechts vielleicht vergessen: Druck ist KEIN Motivator.
Druck beschleunigt nicht.
Druck erhöht den Stress.
Wir denken unter Druck nicht schneller oder besser – eher im Gegenteil.

Sitzt uns der Schreck in den Gliedern werden wir ausgebremst – und damit hat niemand (auch das Projekt nicht) gewonnen.

Zum Projektabschluss lade ich das gesamte Team gerne ein, mit mir gemeinsam eine Review zu machen. Wir blicken auf den Verlauf und jeder hat die Möglichkeit, seinen Eindruck und seine „Do's" und „Dont's" anzubringen.
Hinter allem steht letztlich die Absicht herauszufinden:
Was würden wir wieder so machen – und was nicht? Was war neu für uns und was können wir daraus ableiten?

Ich mag Projekt-Reviews.
Jedes Mal trage ich die Hoffnung, dass von unseren gemeinsamen Erkenntnissen etwas für später hängen bleibt.
Auf jeden Fall ist ein Projektabschluss auch so etwas wie das Schlusswort einer Rede, die Zusammenfassung einer Studie oder ganz einfach der Buchdeckel, der geschlossen wird.

Würde man mich nach meiner überdauernden Projektweisheit fragen, meine Antwort wäre die Folgende:
Zwei Dinge gibt es, die ich mir für Projekte wünsche.

Das ist erstens eine intensive Vorbereitung. Z.B. der Vertrieb gemeinsam mit der Implementierung oder dem Projektmanagement. Denn alle sollten die gemeinsame Absicht verfolgen: den erfolgreichen Projektabschluss, bei dem alle Ziele erreicht werden konnten.

Und zweitens: immer im offenen Dialog bleiben, mit allen Projektbeteiligten. Da schließe ich den Kunden ausdrücklich mit ein.
Ich möchte, dass im Projekt alle mit offenen Karten spielen und sich dabei ins Gesicht schauen können.

Sind das unrealistische Wünsche?
Oder lassen sie sich vielleicht – wenn auch nur Schritt für Schritt – so etablieren?

Ich kann mir gut vorstellen, dass ich mit diesen Erwartungen gar nicht so alleine dastehe.
Allein – es fehlt vielen der Glaube, dass gerade das erste umzusetzen sei.
Kein Grund für mich, es nicht immer wieder aufs Neue zu versuchen.
Eben Löffel für Löffel.

Aus den Steinen, die man dir in den Weg legt, kannst du dir etwas Schönes bauen.

Von Veränderung und Neuanfängen.

Aus den Steinen, die man dir in den Weg legt, kannst du dir etwas Schönes bauen – diesen Satz habe ich mal im Rahmen einer (ja, um ehrlich zu sein, meiner eigenen) Verabschiedung zitiert.

Ich finde, dass er eine schöne Umschreibung für etwas ist, was wir alle ungern offen aussprechen beziehungsweise es zum Schluss besser nicht mehr zur Sprache bringen wollen.

In den Weg gelegte Steine sind Stolpersteine, die uns ins Straucheln bringen sollen. Sie versuchen, uns auszubremsen, umzuleiten oder ganz zu stoppen. Je nachdem wie groß sie sind.
Es hängt von uns ab, was wir damit machen.

Wir können versuchen sie auszublenden, kommen unter Umständen aber nicht um sie herum.

Wir können sie umgehen und damit Umwege in Kauf nehmen, um an unser Ziel zu gelangen.

Oder anderer, neuer Wege gehen und uns vielleicht auch gänzlich verabschieden und eine andere Richtung einschlagen.

In der eingangs angedeuteten Situation habe ich einen neuen Weg eingeschlagen.

Meine „Steine im Weg" waren organisatorische Auflagen für meine berufliche Reisetätigkeit, welche ich nicht bereit war zu akzeptieren. Mittlerweile hat das Unternehmen sein Konzept geändert und selbst einige Steine wieder aus dem Weg geräumt.

Bildlich gesprochen habe ich mir aus meinen Steinen wirklich etwas Schönes gebaut.

Aus ihnen wurde eine Brücke die mich an einen anderen Ort, meinen neuen Lebensmittelpunkt, führte.

Dies ist übrigens in der Vergangenheit schon zum zweiten Mal passiert – und wieder an den selben, schönen Ort.

Warum, frage ich mich, brauchen wir erst Hindernisse, die uns den Weg weisen? Warum vertrauen wir nicht auf Wegweiser? Vielleicht, weil es immer erst „ganz dick" kommen muss, damit wir es begreifen.

Wir brauchen keinen Hinweis, sondern einen ordentlichen Stolper-Schubbs.
Na gut, dann bauen wir eben schöne Dinge aus unseren Stolpersteinen:
Neue Lebensmittelpunkte, neue Beziehungen, neue berufliche Herausforderungen.

Was wir dabei als Bauherren erleben, kann durchaus mit den investigativen TV-Dokumentationen über Häuslebauer mithalten:
Die Steine können ausgehen und wir müssen neu planen und kleiner oder etwas ganz anderes bauen.
Oder die Statik passt nicht, weil es wackelt und der Einsturz droht.

Vielleicht hat uns auch jemand ein paar Steine gemopst und wir können nun sehen, wo wir bleiben.

Wie im richtigen Leben eben.

Ich selbst bin kein Architekt und auch kein Statiker. Aber ich bin bereit, Entscheidungen zu treffen und Neues auszuprobieren.

Wer schläft, macht keine Fehler – aber auch keine Erfahrungen.

Also lieber unter vielen auch ein paar schlechte Erfahrungen sammeln, als gar keine.

Uns allen soll an dieser Stelle klar sein: WIR sind der Regisseur für unser Leben. Regisseur und Hauptrolle zugleich. Das kann nicht nur Till Schweiger, das können auch Sie und ich!

Bleiben Sie ruhig beständig in Ihrem Leben, aber: entscheiden Sie sich bewusst dafür. Oder auch dagegen, und schlagen vielleicht einen neuen Weg ein.

Gebaut aus Steinen, die Ihnen in den Weg gelegt wurden.

Dienst ist Dienst und Schnaps ist Schnaps.

Von Beruflichem und Privatem.

Provokante Frage vorab: ist das wirklich so? Dienst ist Dienst und Schnaps ist Schnaps?
Nicht für mich.
Also im übertragenen Sinne.

Natürlich darf der Tatort Kommissar im Dienst nicht trinken. Genauso wenig, wie der echte Kommissar.

Was meine ich also mit dem übertragenen Sinn?
Mir geht es darum, dass meine Prinzipien und meine Einstellungen im beruflichen wie auch im privaten Bereich die gleichen sind.
Ich messe nicht mit zweierlei Maß, für mich gibt es nur einen Maßstab.
Das mag strikt oder streng klingen, ist aber gleichermaßen auch extrem einfach! Ich muss nicht unterscheiden, in welchem Kontext und wofür ich entscheide, es ist einfach „eins", weil es dasselbe ist.
Wohlgemerkt, nicht egal sondern eins.

Mein Opa würde sagen „Jacke wie Hose" und er würde damit das Gleiche meinen, wie ich. Wobei ich in Jacke und Hose schon Unterschiede sehe, aber im übertragenen Sinne passt es: es ist eins.

Warum beschäftige ich mich mit diesem Thema? In vorangestellten Texten habe ich über die „Klarheit" gesprochen. Und, dass mir diese sehr wichtig ist. Genau das spiegelt sich auch hier wieder.
„Klar" zu sein bedeutet für mich auch, in allen Lebenslagen wie Lebensbereichen klar zu sein.

In meinem Horizont werden die Dinge gleich bewertet. Beruflich wie privat.
Und: das geht gut! Ich befinde es für absolut machbar – es ermöglicht mir einen bleibenden Eindruck.
Im wortwörtlichen Sinne. Bleibend und beständig.

Als Gegenteil hierzu kann ich den Typen Mensch aufzeichnen, der sich nicht festlegt und damit nicht greifbar wird. Unangreifbar wird dieser Typ sich wähnen, jedoch nicht aus meiner Sicht.

Ich möchte mich auf Menschen verlassen können. Das ist mir für meine Arbeit ebenso wichtig wie für mein Leben nach Dienstschluss.

Stelle ich fest, dass ich es mit „glitschigen" oder ungreifbaren Personen zu tun bekomme, dann reagiere ich.

Für Menschen dieses Schlages bieten sich bei mir zwei Möglichkeiten:

Sie verschaffen sich erstens eine klare Haltung und nehmen einen Standpunkt ein – prima.

Andernfalls werden sie zweitens von mir nicht ernst genommen. Wie denn auch, wenn sie die Dinge fortwährend verändern? Worauf könnte ich mich denn ernsthaft verlassen? Auf die Gunst der Stunde oder den Zauber, der dem Augenblick innewohnt?

Vielen Dank für den Vorschlag – aber nein Danke.

Das ist bitte nicht falsch zu verstehen, seine Meinung zu ändern ist völlig okay.

Dafür muss er oder sie aber zuerst eine Meinung haben oder einen eigenen Standpunkt.

Ich rede von denen, die das nicht tun und –
aus welchen Gründen auch immer – keinen
Standpunkt haben.

In Projekten kann ich Entscheider ohne
Meinung nicht gebrauchen. Als
Vorgesetzte ebenso wenig.
Mir ist klar geworden, dass ich in solchen
Konstellationen meiner Kraft und Stärke
beraubt werde.
Und das dauerhaft nicht mehr aushalten
oder erleben will.
Ich könnte das schon.
Das ist ein stückweit sogar meine Aufgabe
als Projektmanagerin. Ich bin die, die
offene Entscheidungen auftut und
Lösungen und Konsequenzen einfordert.

Der „Nicht-Entscheider" kann so in seiner
Rolle und seinem eingespielten Verhalten
verbleiben und muss sich nicht verbiegen.
Und wenn doch, dann ist eben die
Projektmanagerin schuld.
Okay. Damit kann ich leben.

Ich lasse es mir aber gut bezahlen.
Da ist Dienst eben doch Dienst und
Schnaps ist Schnaps.

„Ich bin viele" – was ist eigentlich Projekttherapie?

Über meine Geschäftsidee und was daraus wurde.

„Was ist eigentlich Projekttherapie? Habe ich noch nie gehört." – diese Frage wird mir oft gestellt. Eigentlich immer dann wenn ich mich als „Projekttherapeutin" bezeichne.
Die Antwort darauf lässt sich in einem Satz zusammenfassen: bei mir kommen nicht die Menschen auf die Couch, sondern die Projekte!
„Ahhh. Das ist ja interessant!".

Ja, das finde ich auch.
Zumal ich in vielen Projekten gearbeitet habe und genau aus diesen Erfahrungen heraus jene Berufsbezeichnung geschaffen habe. Ich bin sozusagen „vom Fach" und das in doppelter Hinsicht: Projekte habe ich in Theorie (Zertifizierungen, Fortbildungen) und in der Praxis (als Projektmanagerin und Beraterin) kennengelernt.

Und die Therapie in meinem Psychologiestudium und in der gelebten Realität.

Warum kommen aber nun Projekte auf die Couch und was passiert dann?
Spielen wir das einmal durch...

„Ich bin viele", so spricht ein Projekt mit Bewusstseinsspaltung. Das Projekt will viel erreichen. Zu viel? Das vereinbarte Projektziel ist nicht aus den Augen verloren, es ist aber auch nicht mehr allein. Es gibt viele Projektziele. Konkurrierende Projektziele. Sich einander behindernde Projektziele. Und Ziele, die das Projekt noch gar nicht formulieren kann – aber schon verfolgt.
Das klingt doch schizophren, oder? Ganz klar ein Fall für meine Couch!

Das Projekt erscheint pünktlich zum Termin, wirkt ein wenig nervös. Kein Wunder, ist ja auch keine alltägliche Situation, so eine Therapiesitzung.
Ich bitte das Projekt in meine Räumlichkeiten und wir trinken zusammen Tee.

„Warum kommen Sie zu mir?" frage ich und eröffne so das Gespräch.

„Ich weiß auch nicht so genau, irgendwie läuft es nicht rund..." beginnt das Projekt. Es zögert, ich merke, es fühlt sich unwohl. Das ist also die eine Seite. „Ich glaube gar nicht, dass ich das nötig habe" vernehme ich, plötzlich hat es eine tiefe und feste Stimme. Aha – die andere Seite.
Das ist schon prima.

„Vielleicht erzählen Sie mir einmal, worum es in Ihrem Projekt geht. Dann sehen wir weiter." helfe ich, und es geht los...
Ich erfahre viel über den Beginn des Projekts, die beteiligten Parteien und die vereinbarten Projektziele.
Und auch über scheinbar verfahrene Situationen, Zeitdruck und verstrichene Projekt-Meilensteine...

Gemeinsam überlegen wir, wie wir vorgehen wollen.
Ja – in der Projekttherapie kommt es darauf an, die Impulse aus dem Projekt selbst aufzugreifen und in die Lösung aufzunehmen – gemeinsam.

Meine Aufgabe dabei kommt der eines Mentors, Mediators, Aufpassers gleich.

Im wortwörtlichen Sinne: Aufpassen, hinweisen, aufmerksam machen und aufzeigen. Hilfe bieten beim Sammeln, Strukturieren und Vorbereiten für die Umsetzung.

Das ist das Eigene an der PROJEKTtherapie: wir bedienen uns der Methoden und Anwendungsmöglichkeiten aus dem Projektmanagement und verwenden sie auch.

Im Grunde können Sie es sich so vorstellen:

die Therapie findet heraus, was es ist. Und das Projektmanagement hilft bei der Bearbeitung. Und wenn das nicht reicht, kommen Hilfsmittel aus der Therapie zur Anwendung – das wäre dann die Kür.

Soweit die Vorstellung.

Und was wurde aus dieser Idee?

Die Projekttherapie ist meine Methode – ob beauftragt oder nicht. Für mich ist diese ganzheitliche Form, Projekte anzugehen, nicht mehr weg zu denken.

Ich kann hinter den Kulissen genau das tun. Es lenkt mich nicht von meinem Projektauftrag als Managerin ab, im Gegenteil.

Begriffe wie Psychologie oder Therapie schrecken Menschen ab, ich vermeide es im Allgemeinen, sie zu verwenden.

Im Speziellen allerdings komme ich dem Wunsch meiner Kunden nach „Mehr" gerne nach.

Auf diese Weise kann ich das, was ich gelernt und studiert habe mit meinen Erfahrungen aus der Praxis verknüpfen.

Mit Hand und Fuß. Und jeder Menge Herz.

Jetzt bin ich dran!

Über Werbung in eigener Sache.

Wissenschaftlich habe ich mich bereits ausführlich mit Fragestellungen wie diesen hier befasst:
Was macht uns besonders, wo stecken unsere Stärken und wie können wir all das auf den Punkt bringen,
am besten mit unseren eigenen Worten?

Ansatzpunkte   aus
Persönlichkeitspsychologie,
Motivationsforschung   und
Wahrnehmungspsychologie   liefern gute
Ausgangspositionen und Punkte, an denen angesetzt werden kann:
Wie stellen sich Menschen dar, wie ist die eigene und die Fremdwahrnehmung,
wie kann ich mich engagieren und in Szene setzen?

Was mit der Aufnahme von Reizen und Eindrücken anfängt (fast wie in der klassischen IT – die Synapsen „funken" auch nur „0" und „1") -

über die Wahrnehmung von Reizen (inkl. der Täuschungen und Missverständnisse) weitergeht -
und anschließend individuell bewertet wird: dieser Vorgang ist recht komplex und fast kann man sich schon fragen: „wie kann das eigentlich annähernd gut funktionieren?". Was es unbestritten doch auch tut.

Genauer im Detail betrachtet:

Wir nehmen viel mehr Reize auf, als uns tatsächlich bewusst werden – bedingt durch die Reizschwelle, die unsere „technische Wahrnehmung" mit sich bringt. Und selbst die Reize, die wir aufnehmen, sind oft schon durch unser Gehirn bearbeitet. Das reine Bild, das unsere Augen von unserer Umwelt erhalten z.B., steht eigentlich auf dem Kopf. Dass wir es „anders herum" sehen, verdanken wir der Umrechnung unseres Gehirns. In Experimenten mit einer sogenannten „Umkehrbrille" lässt sich feststellen, dass wir ein paar Tage benötigen, um unseren „Normalzustand" wieder her zu stellen und nicht mehr alles auf dem Kopf stehend zu sehen. Ein anderes Beispiel ist der „blinde Fleck", den wir alle dort haben, wo unser Sehnerv auf die Netzhaut trifft – und den wir alle gar nicht bemerken, weil unser Gehirn ihn schon „weg gerechnet" hat. Was die Reizschwelle anbelangt: zum einen spielen die physischen Gegebenheiten (Abstand, Helligkeit, Wellenbereich) eine Rolle, aber auch die unbewusste Selektion von Reizen ist beeinflussend: ob wir ein Gesicht in einer großen Menschenmenge erkennen oder jemanden verwechseln kann davon abhängig sein, was wir unbewusst suchen oder was uns beschäftigt.

Die Bilder (Reizwahrnehmungen) von außen werden nun weiter verarbeitet und interpretiert. Diese Wahrnehmungen sind jedoch Hypothesen unseres Gehirns – schon wieder so eine „Eigenmächtigkeit"! Unbewusst erhalten wir ein individuelles Bild unserer Wirklichkeit – inklusive falscher Hypothesen, sogenannter Täuschungen. Wir erinnern uns vielleicht an die Experimente zur optischen Täuschung, bei denen Pfeile unterschiedlich lang aussehen, obwohl sie nachgewiesener Weise gleich lang sind. Nicht mehr ganz neu aber immer noch gut.

Und einmal bewusst wahrgenommen werden die gewonnenen Informationen verarbeitet und bewertet. Wir ordnen in Systeme ein, finden „Schubladen" oder Einschätzungen zu „mag ich" oder „mag ich nicht". Und je nach Relevanz oder Bedeutung für uns können damit direkt Emotionen verbunden sein.

All das passiert in Windeseile und wird nicht wirklich bewusst gesteuert!

Soweit also die Theorie.
An die wissenschaftliche Betrachtung schließt sich nun die Umsetzung in die Praxis an:

Ich habe mit einigen Coachees, Teilnehmern und auch Kollegen genau dies in individuelle Strategien und Erfolgsgeschichten umsetzen können – und damit gemeinsam mit Ihnen ihre ganz persönliche „Marke" gefunden. Oft reicht es, als „Fremde" den eigenen Eindruck des Gegenübers möglichst objektiv zu schildern. Dabei beginne ich gerne mit „offensichtlichen" Dingen, Aussehen, Habitus, Stimme usw. (also meinen Reizwahrnehmungen). Daraus ergibt sich meist schon ein intensives Gespräch, in dessen Verlauf sich zeigt, was meinem Gegenüber wichtig ist – und ich spiegele, was davon bei mir als Adressat ankommt (Bewertung von Eindrücken).

Der Rest ergibt sich praktisch von selbst.

Nun war ich mit meiner freiberuflichen Existenzgründung selbst in diese Rolle geschlüpft: in persönlichen Gesprächen (vorstellig werden bei unterschiedlichen Behörden und Ämtern) überhaupt kein Problem.
Aber: der kurze und knackige Businessplan, der „hakte" dann.
Zuwenig „catchy", zuwenig USP (unique selling point), was ist mein „herausragendes Alleinstellungsmerkmal"? Man befand meine Ausführungen schlichtweg zu kurz.

Oh. Mir war nicht klar, dass ein Businessplan der Entwicklung eines Heilmittels gleichkommt.

Will sagen: kurz und sachlich war im Grunde genau auch meine Absicht! Und das ist zwar genau so angekommen, war aber wohl nicht im Sinne des Erfinders und musste insofern nachgebessert werden.

Gesagt, getan: mehr Ellen Schnittker rein in diesen Plan und etwas coole Sachlichkeit wieder raus – im Grunde doch genau mein Ding!?

Mein Fazit, welches ich aus diesem Prozess für mich ziehe ist das Folgende:
ein Businessplan ist mehr als eine sachliche Aufstellung der Unternehmensziele inkl. Finanzierungs- und Umsetzungsplan.

Wenn ich den Begriff „Business" durch „Meine Zukunft" austausche, wird für alle ein Schuh daraus.

Wir alle könnten uns so einen Plan machen, einfach mal hinsetzen und zu Papier bringen...

Haben Sie das schon einmal versucht? Ich durfte nach Worten suchen, in Thesauren schwelgen – und all das führte mich letztlich zum Ziel.

Und wappnete mich gleichzeitig für viele weitere Einzelsituationen, in denen ich die „Werbetrommel" für mich schlagen konnte, mit Erfolg.

Mittlerweile ist das Schreiben über mich kein Stolperstein mehr – die Übung macht's (ich möchte mich da jedoch nicht als Meister bezeichnen).

Somit kann ich zusammenfassen:
Werbung in eigener Sache? Check!

Es ist wie es ist.

Über Realität und Akzeptanz.

Ich sitze am Meer und träume vor mich hin.
„Was wäre wenn..." oder „Könnte ich doch..." schießen mir bisweilen durch den Kopf.
Tagträume eben.

Welche Bedeutung hat das Träumen für uns? Es ermöglicht den Einblick in andere Realitäten. Alternativ-Leben, wie wir sie führen könnten.

Wer kennt das nicht?
Neben den Träumereien, die sich an einem sonnigen Tag am Meer einfach wundervoll einstellen, sind Tagträume im Job irgendwie anders.
Meistens verbunden mit dem Wunsch, an einem anderen Ort zu sein oder Herr der Lage oder vielleicht auch allmächtig?

Was verleitet uns dazu?
Bringt uns die Realität derart an unsere Grenzen, dass wir sie überschreiten und uns in Phantasien ergehen?

Ich denke, dass jeder für sich diese Frage unterschiedlich beantworten wird.

Bei mir ist es so:
In meiner Phantasie spiele ich Situationen durch. Nicht, wie sie tatsächlich waren, sondern wie sie hätten sein können. Von Zeit zu Zeit mit wahnwitzigen Wendungen und so gar nicht realistisch. Nicht ein kleines Bisschen.

Belustigt „sehe" ich mir das Ergebnis an und frage mich, wie ich überhaupt auf solche Ideen kommen kann.
Die Antwort ist einfach:
Ich gehe kreativ mit der Realität um. Wenngleich ich mich als unkreativen Menschen bezeichne, weil ich zum Beispiel nicht gut zeichnen kann, so bin ich was Geschichten, Beispiele oder Worte angeht durchaus erfinderisch.
Und damit auch kreativ.
Ich registriere: Kreative müssen gar nicht komplett schwarz oder quieteschebunt gekleidet sein. Auch im Anzugträger steckt durchaus eine kreative Seele.

Aus dem Ergebnis meiner „Spinnereien" entstehen mitunter Texte oder Ideen für Projekte. Teils entspringen ihnen regelrechte Innovationen für Handlungs-Alternativen im reellen Leben.

Und darin sehe ich einen großen Schatz. Wenngleich wir die Situationen aus denen wir uns wegträumen nicht ändern können, so können wir dieses: sie reflektieren!

Überlegen Sie doch mal, ob Ihre Träumereien wirklich sooooo unrealistisch sind. Einige bestimmt, andere aber vielleicht nicht.
Was also, wenn Sie das Geträumte wirklich umsetzen würden? Sie haben sich vielleicht eine Gesprächssituation wieder und wieder neu überlegt. Vielleicht ein Konfliktgespräch, bei dem Sie – wie Sie glauben – hätten besser abscheiden können.

Im Nachgang fallen Ihnen Argumente ein, reflektieren Sie Ihr Verhalten und spielen durch, wie Sie anders hätten reagieren können.
Gut!

Sammeln Sie Ihre Möglichkeiten, stellen Sie sich Ihren imaginären Methodenkoffer zusammen – und greifen Sie beim nächsten Mal vielleicht hinein.

Ungesund wird es jedoch, wenn uns diese Träumereien oder das immerforte Durchspielen nicht mehr los lassen... und wir ganz wie in einem Laufrad nicht zur Ruhe kommen.

Es sollte Ihnen ein deutliches Warnsignal sein, wenn Sie davon nicht ablassen und nicht loslassen können.

Egal, wo Sie sich gerade im Traum befinden – die Realität läuft weiter. Da haben wir alle keine andere Alternative.
Es ist nun mal, wie es ist.

Über Eignung
und Eigenartigkeit.

Im Rahmen einer Fortbildung, es handelte sich um ein Seminar um an PDU's für die Re-Zertifizierung beim Project Management Institute (PMI) zu gelangen, wurde uns Projektmanagern folgende Frage gestellt:

„Wie wird entschieden, welcher Projektmanager welches Projekt bekommt?".

Wir überlegten und erklärten, dass dies in der Regel mit dem regionalen Bezug einher ginge.
Also: ein Projekt in Bayern geht an einen Projektmanager aus Bayern. Eines aus dem Norden ist ebenso für einen Projektmanager aus dem Norden bestimmt.
So einfach.

Unser Referent zeigte sich mehr oder weniger geschockt!

Konnte die Eignung für ein Projekt wirklich an der Standortnähe fest gemacht werden? Das dürfte doch eigentlich nur dann funktionieren, wenn alle in Frage kommenden Kollegen auf dem gleichen Stand seien und in Topform.
Abgesehen von ihrer zeitlichen Verfügbarkeit.

Ich möchte dieses Beispiel in einen Kontext übertragen. Ganz pragmatisch.

Wonach entscheiden Sie, wenn es Ihnen zum Beispiel nach frischen Brötchen gelüstet? Allein die Entfernung zum Bäcker oder vielleicht noch mehr?
Kaufen Sie dort wo es am schnellsten geht oder da, wo Sie gegebenenfalls etwas warten müssen?

Ja, auch in anderen Unternehmen werden Projekte beispielsweise nach der zeitlichen oder der räumlichen Verfügbarkeit vergeben.

Die von mir geschilderten Beispiele sind sicherlich keine Ausnahmen. Doch warum ist das so, oder besser: ginge es auch anders?

Ich glaube ja.
Projekte durchlaufen unterschiedliche Phasen von denen womöglich nicht alle die gleichen Anforderungen an das Projektmanagement stellen.

Was also, wenn wir dem regionalen oder zeitlich verfügbaren Projektmanager noch einen Meister seines Faches an die Seite stellen würden? Als Mentoren und fachlichen Ansprechpartner in anspruchsvollen Situationen.
Das wäre doch eine Möglichkeit.

Die andere, welche mir verständlicherweise naheliegt, ist die Zuhilfenahme von externen Ressourcen. Findet sich der geeignete Projektmanager nicht in den eigenen Reihen, so kann ein Externer die bessere Alternative als ein ungeübter Interner sein.
Wann ist ein Projektmanager denn wirklich geeignet, werden Sie vielleicht fragen.
Dafür gibt es keine pauschale Antwort.

Projekte sind genauso unterschiedlich wie die Manager dazu.

Was Ihnen bei der Beurteilung und Auswahl helfen kann, sind eigene Erfahrung, Referenzen und nicht zuletzt das Bauchgefühl. Denn Sie suchen nicht nur die Person, die zu Ihrem Kunden passt sondern auch jemanden, der zu Ihnen und Ihren Mitarbeitern passt. Der gut in Ihr Team passt.

Und was ist mit der fachlichen Eignung?
Sicherlich ist eine solide Ausbildung von projektspezifischen Anforderungen notwendig. Darüber hinaus noch eine entsprechende Tool-Kenntnis.
Mehr noch, so denke ich, zählt jedoch eine gewisse Haltung und das starke Auftreten Menschen gegenüber.
Ganz in Abhängigkeit zu Ihrem Projekt.

Sind die Stakeholder des Projekts sich nicht einig untereinander?
Erste Konflikte bereits entstanden?
Dann braucht es jemanden, der auf sachliche Art Menschen zueinander bringen kann.

Geht es nicht nur um das Managen, sondern auch um fachliche Entscheidungen die getroffen werden müssen?
Dann wird Ihre Wahl bestenfalls auf jemanden treffen, der Produktkenntnis oder Branchenkenntnis besitzt.

Allerdings: Fachkenntnis wie Branchenkenntnis lassen sich aneignen und sind ausbaufähig. Was Charakterstärke und Haltung angeht, bin ich der Auffassung, dass es ohne Menschensammler nicht geht.

Und was denken Sie?

Jetzt aber Hopp!

Nun sind sie dran.

Meine Zeit hier an der See ist fast vorbei und ich kann Resümee ziehen.
Überlegen, was meine Intention war hierher zu kommen.
Und was daraus geworden ist.

Ich habe die Abgeschiedenheit gefunden, die ich brauchte um meine Geschichten zu schreiben.
Das hatte ich mir wirklich schon lange vorgenommen und habe es nun endlich in die Tat umgesetzt.

Vielleicht kennen Sie das, zu Beginn sieht man den ganzen Berg auf einmal. Dass der Anstieg jedoch aus einzelnen Etappen besteht, die viel kleiner sind, entgeht uns.
Dabei würde es uns helfen, die Angst vor dem „großen Ganzen" zu verlieren.

Was hindert uns daran Dinge von denen wir träumen, wirklich anzugehen? Sie sind doch „unser" Ding, warum bedarf es da einen Schubbs von außen?

Wir wägen vernünftig ab, fassen Pro und Contra zusammen, versuchen jede Eventualität mit einzubeziehen.
Über das Denken und Wägen verstreicht dann die Zeit und vielleicht auch der richtige Moment.

Ah, eine neue Ausgangssituation?
Dann nochmal von vorne und bei Null angefangen.
Und wieder verstreicht die Zeit.

Vor vielen Monaten hat mich der Bericht einer Journalistin inspiriert, die mit dem Geldgewinn einer Spielshow ihre Weltreise angetreten ist. Jeweils einen ganzen Monat in einer Stadt zu verbringen (insgesamt also zwölf Städte) und dabei Land und Leute kennenzulernen, das war ihr Ziel.
Den großen Gewinn nahm sie dann zum Anlass, es zu tun.
Um dann festzustellen, dass dieser im Grunde gar nicht notwendig gewesen wäre.

Ich war überrascht von dieser Erkenntnis und überprüfe seitdem, ob sich meine Träume und Wünsche vielleicht auch leichter realisieren lassen, als gedacht.

Wenn ja, was dann?

Nun ja, einen habe ich mir hiermit erfüllt. Am Meer zu sein und zu schreiben. Es ist zwar nur eine kleine Version meiner Traumvorstellung (Haus am Meer, freistehend, für einige Monate...) aber dennoch ein Erfolg für mich.

Ich habe meine Zeit hier sehr genossen. Konnte Zeit verstreichen lassen, nach meinem Rhythmus (nämlich ohne!) leben und dem Zwang widerstehen, Dinge tun zu müssen.
Ich musste GAR NICHTS!

Selbst das Schreiben, das musste ich nicht tun.
Ich tat es aus der puren Freude daran.
Mal mit langen Pausen, mal ohne.
Mal am Schreibtische, mal bei einer kurzen Rast.
Mal morgens, mal mittags, mal abends.
Herrlich.

Mir ist die Freude daran nicht vergangen und ja, ich würde es wieder tun.
Ich werde es wieder tun.

Mein Mann sagt, ich sehe erholt aus. Offenbar ist mir die Freude und Entspannung bereits anzusehen. Das ist schön. Damals in der Schule hätte mir niemand glaubhaft versichern können, dass das Schreiben mich entspannt. Und doch.

Ich möchte ja meine Bilanz ziehen, also hopp:
Es war der richtige Zeitpunkt und der richtige Ort um das zu tun, was ich mir vorgenommen habe. Ich bin zur Erkenntnis gekommen, dass „Sich Treiben Lassen" geübt sein will. Und durchaus machbar ist.

Auch für mich, einen Menschen, der sich von Strukturen begeistern lässt.

Und mein Fazit:
gut gemacht, bitte mehr davon!

An diesem Punkt angelangt möchte ich Sie dazu aufrufen und ermutigen, die eigenen Wünsche auch in die Tat umzusetzen. Vielleicht im Miniatur-Format einfach mal auszuprobieren.

Eine kleine Auszeit, etwas Neues zu lernen oder etwas Altes abzulegen.
Denken Sie mal darüber nach (aber nicht zu lange) und dann...
HOPP.

Was noch offen blieb.

Ich habe zu Beginn versprochen Ihnen davon zu erzählen, wie ich hierhin gekommen bin und was ich (hier) mache.

Neben einem ganz normalen Werdegang mit Schule, Ausbildung und Studium haben mich viele Projekte und konzeptionelles Arbeiten an den Punkt gebracht, wo ich heute stehe.
Ich steckte in der Rolle des Consultants, Trainers, Ausbilders und des Vorgesetzten.

Danach habe ich mein „Faible" als Projektmanagerin entdeckt. Dort kann ich Erfahrung und Geisteswissenschaft miteinander vereinen und das tun, worüber ich hier schreibe.

So bin ich also hierhin gekommen.
Und was mache ich hier?

Ich ziehe mich für eine kleine Auszeit aus dem Alltag und der gewohnten Umgebung zurück, um meine Gedanken zu Papier zu bringen.
Ganz „Old School" mit Griffel auf Papier.

Bonus-Tracks.

Im weiteren finden sich einige meiner Texte, zum Teil bislang noch nicht veröffentlicht.

Sie passten nicht in den Erzählverlauf – liegen mir aber sehr am Herzen und finden auch auf meiner Website Gefallen.

Führungskräftemangel.

Im WWW finden sich viele Angebote aus dem Bereich Coaching.
In letzter Zeit (so mein Eindruck) stolpere ich dazu immer mehr über das Thema „Die Führungskraft als Coach", so oder so ähnlich.
Das hat mich zum Nachdenken gebracht. Und zum Kopfschütteln.

Aber von Anfang an:
Was ist Coaching?
Dieser Begriff ist ja in aller Munde, im Grunde kann mir dann doch jeder eine Antwort darauf geben, oder?
Mit einem Schmunzeln verfolge ich gerne Diskussionen darüber: im Zug, im TV oder auch bei XING. Neulich erst geschehen.

Ich möchte mich aber von persönlichen Eindrücken (Vorlieben oder Abneigungen zu Personen) nicht ablenken lassen und versuche es mal bei Wikipedia:
„Der Begriff Coaching stammt vom englischen „to coach" (betreuen, trainieren) und bezeichnet eine Vielzahl von Trainings- und Beratungskonzepten zur

Entwicklung und Umsetzung persönlicher oder beruflicher Ziele und der dazu notwendigen Kompetenzen.

Beispiele sind „Führungs-, Umsetzungs- und Selbstmanagementkompetenzen.", erfahre ich.

Das klingt so schön sachlich – diese Definition gefällt mir.

Was mich wiederum noch mehr den Kopf schütteln lässt!

Um es gleich einmal auf den Punkt zu bringen: als Führungskraft habe ich per se (!!!!!) den Auftrag, meinen Mitarbeitern Unterstützung in Bezug auf Umsetzungs- und Selbstmanagementkompetenzen zu bieten. Das bedeutet doch Mitarbeiter-Führung!

Wer anderer Meinung ist, und sich gerne auf das Abzeichnen von Urlaubsanträgen, Bestellungen und Verträgen beschränkt, sollte besser nicht weiterlesen.

Oder doch!

Denn bei ihm oder ihr herrscht meiner Meinung nach ein akuter „Führungskräftemangel".

Ja, ein Mangel. Richtig gelesen! Mangel im Sinne von: dir fehlt etwas, du bist nicht vollständig!

Und von da komme ich zu einer anderen Frage:
„Was macht eine Führungskraft eigentlich zu einer Führungskraft?".
Oder besser: „Wer?" oder „Warum?".
Will sagen: was bringt Menschen in die Situation, die Führung von Mitarbeitern zu übernehmen?
Was veranlasst andere dazu, demjenigen die entsprechende Kompetenz zuzusprechen?
Wenn es da schon „hakt", wird mir so einiges klar...
Oh, wie sarkastisch – aber so ist nun mal mein Eindruck. Nicht generell – aber für meine Begriffe schon zu oft.
Insofern sind Seminare wie „Die Führungskraft als Coach" gar nicht falsch – aber viel zu spät.

Würde es den vorgesetzten Verantwortlichen körperliche Schmerzen verursachen, Führungskräfte aufzubauen und dann erst die Verantwortung zu übergeben?

Ließe es die Vorstellung zu, dafür Zeit und Geld zu investieren? Vielleicht käme es auf einen Versuch an.

(Ach herrje, warum heißt es eigentlich „Vorgesetzte"? Sitzen die vorne? In der Schule mussten immer diejenigen ganz vorne sitzen, die entweder eine Brille trugen oder schlechte Noten hatten. Das passt doch alles irgendwie nicht zusammen...).

Aber noch einmal zurück zum „Mangel". Der besteht meiner Meinung nach in nur einem Punkt: Haltung!

Auf die Haltung kommt es an!!

Wem das zu einsilbig ist: mit einer klaren Haltung, einer starken Persönlichkeit und meinem eigenen Profil benötige ich keinen Druck, keine Überredungskünste oder Lockmittel: die Mitarbeiter folgen – und ich kann führen.

Zugegeben, kein autoritärer Ansatz, aber die Zeiten haben sich auch verändert. Es geht nicht mehr darum, „den Ton anzugeben", sondern um Teamwork.

Miteinander Ziele erreichen. Miteinander an Projekten arbeiten. In solchen Situationen ist meiner Erfahrung nach so ein Führungsstil absolut effizient. Und das insbesondere auch, weil das „Kräfte messen" wegfällt und die Zeit und Energie in das Projekt gesteckt werden können.

Zum Schluss noch einmal zurück zum Coaching.
Während meines eigenen Coachings sind wir auf Thema gekommen, „was mir persönlich wichtig ist für mein berufliches Auftreten".
„Klarheit" kam mir in den Sinn. Ich mag diesen Begriff irgendwie. Er ist so schön einfach – und beschreibt aber genau das, was mich bewegt: klar zu sein.
Nicht transparent oder durchsichtig – nein klar, eindeutig, mit Profil.
Das wünschte ich mir auch von meiner Führungskraft, wenn ich eine hätte.
Und weil ich so auf Wortspielereien stehe, denke ich jetzt mal über „Klarspüler" nach.

Meine Lebensenergie – was mich bewegt.

Ich „brenne". Und freue mich – denn das war nicht immer so.
Zwischenzeitlich ist meine Energie irgendwie auf der Strecke geblieben... und ich habe es gar nicht gemerkt. Erst, als ich wieder Zeit und Raum zum Nachdenken hatte.

Wobei die Zeit eigentlich nicht das Problem war. Vielleicht beschreibt es das Wort „Muße" oder „Bereitschaft" besser. Was ich damit meine ist: ich habe mich auf mich selbst besonnen – und mich vermisst.
Wo war meine Energie? Mein Esprit? Mein Wesen?

Ich bin nicht in ein Loch gefallen und habe auch nicht in einen Abgrund geschaut. Nein, ich habe vielmehr „Nichts" wahrgenommen. Bin wortwörtlich nicht „in Form" gewesen. Also ohne Anfang und Ende. Ohne Grenzen. Ohne Widerstand. Einfach aufgelöst. Wohlgemerkt: nicht auf die Psyche bezogen, mehr auf den Geist. Also nicht depressiv, sondern entgeistert.

(Wie schön die Sprache doch Dinge auf den Punkt bringen kann...).

Doch das ist Vergangenheit. Jetzt, mit Abstand, kann ich mir das auch gar nicht mehr vorstellen.
Denn alles ist wieder da!

Ich versuche dennoch, zurück zu blicken und festzustellen, was mir meine Energie genommen hat.
Zuallererst wohl ich selbst: denn ich habe nicht auf mich achtgegeben. Sondern zugelassen, dass es passiert. Mich schutzlos ausgeliefert. Ich weiß auch, warum: das gehört zu meinem Wesen!
Ich gebe mit Leib und Seele und lasse mich voll ein. Voll einlassen bedeutet auch, die Schutzschilde sinken zu lassen – ich denke, es geht sonst auch gar nicht.

Bedeutet das in Konsequenz, dass die Leere, der Energieverlust unvermeidbar ist? Nicht unbedingt, denn nicht immer wird Energie geraubt. Sie kann ja auch zu mir kommen. Es kommt auf die Situation, die Umgebung an, in der ich mich befinde.

Und darauf kann ich achten: die richtige Umgebung für mich finden! Das kann beruflich gemeint sein, sich aber auch auf Partnerschaft oder Freundschaften beziehen – ja sogar auf die Familie.

Ich habe in unterschiedlichen Lebenssituationen Entscheidungen getroffen. Marken gesetzt. Veränderungen geschaffen. Und gemerkt: das tut gut.
Auch wenn der Weg nicht leicht ist (obwohl, der Weg war immer leichter als der vorangegangene Leerzustand), das Ziel war es IMMER wert. Und um es klar zu stellen: die Psyche und der Körper, die haben ja immer mitgemacht. Auch mit „innerer Leere", habe ich gut funktioniert, aber nicht gestrahlt.

Wie kam das Strahlen zu mir zurück?
Richtig: ich habe wieder Veränderungen geschaffen. Dieses Mal beruflich. Mich wieder auf meine Stärken konzentriert. Und dabei neue entdeckt. Ja, auch das Schreiben.
Es war richtig, mir Zeit zu nehmen, auch für „gar nichts". Einfach schnuppern, schauen, spüren... und dann war es plötzlich soweit.

Das beruhigt mich sehr – zu wissen, dass es wieder kommt. Sozusagen: alles wird gut.

Was mich sehr bestärkt, ist das Feedback meines Umfeldes. Offensichtlich ist das Strahlen doch nicht nur subjektiv empfunden, es strahlt nach außen.

In diesem Sinne: alles wird gut!

Mit einem Lächeln.

Servicewüste Deutschland – immer wieder ein gern getratschtes Thema: im Wartezimmer, an der Bushaltestelle, im Aufzug – einfach prima zum Smalltalk geeignet. Jeder kann mitreden, kann aus eigenen Erfahrungen berichten und manche haben auch immer etwas NOCH SCHLIMMERES oder NOCH UNGLAUBLICHERES erlebt.

Ich gebe zu: ich kann das auch, meckern. Ziemlich gut sogar. Mein besonderer Spaß sind Handwerker, IT-Hotlines, Experten... die mich nicht für voll nehmen. Und dann gegeben falls selbst unter ihrer Fehleinschätzung leiden müssen. Ich selbst möchte dann nicht mein Gegenüber sein.

Nicht falsch verstehen: ich werde nicht ausfallend, unangemessen oder laut oder ähnliches. Nein, eigentlich werde ich sogar ziemlich wortkarg und still. Und wer meine Aura sehen könnte, würde vermutlich nur noch eine tiefschwarze klebrige Masse sehen (der Begriff „Wolke" wäre absolut fehl am Platze). Und schon wieder passen die Worte perfekt, wenn ich von mir behaupte, ich wäre dann finster...

Aber genug davon, es soll doch genau um das Gegenteil gehen!
Meine Erfahrungen haben sich in den letzten Monaten sehr verändert, zunächst von mir nur als Glücks- oder Zufall registriert (ja, es gibt keine Zufälle, ich weiß...) stelle ich jetzt fest: es GEHT auch anders! Ich gehe nicht nur anders (das ist aber ein anderes Thema, wer mich kennt, weiß worauf ich anspiele), nein es geht auch anders!

Als Kommunikationswissenschaftlerin und Magister-Psychologin weiß ich, welche Rolle Körperhaltung, Klang der Stimme und Mimik im Hinblick auf die Kommunikation einnehmen. Das gesprochene Wort wird sicherlich wahrgenommen, aber der „Ton" der Musik ist möglicherweise noch schwerwiegender.

Mir fällt auf, dass nun Alltagssituationen (an der Kasse im Supermarkt, beim Check-In am Flughafen, beim Arzt, an der

Telefon-Hotline, in der Post oder Bank...) sich netter, geradezu angenehm anfühlen! Woran liegt's?

Mein Wortschatz hat sich nicht signifikant verändert. Meine Anliegen auch nicht. Sachlich betrachtet, ist die Ausgangslage also gleich geblieben. So weit so gut. Demnach hat sich etwas „zwischen den Zeilen" verändert. Meine Haltung? Meine Stimme? Meine Ausstrahlung und Mimik? Ja, ja und ja.
Das muss es sein.

Mein Blick in den Spiegel verrät mir: ich sehe nicht anders aus. Ok, ein paar Sommersprossen – aber die hatte ich vor 2 Monaten auch noch nicht, und da lief es auch schon gut.
Meine Vermutung ist die Folgende: ich bin gelassener geworden. Nicht cool und taff, sondern gelassen und entspannt. Ich lächle innerlich, und es dringt nach außen.

Stellen Sie sich einmal die folgende Situation vor: Sie stehen an der Kasse und suchen nach Münzen, hinter Ihnen eine lange Schlange. Mit einem Lächeln bitten

Sie die Kassiererin, die entsprechenden Münzen aus Ihrer Geldbörse heraus zu suchen, das würde Ihre Oma auch so machen. Die Kassiererin grinst – hinter Ihnen auch ein Grinsen in der Schlange. Und: es klappt!
(So geschehen in meinem letzten Urlaub in Schottland, die Münzen hatten für mich überhaupt keinen Wiedererkennungswert... es hätte noch viel länger gedauert, wenn ich die Suche fortgesetzt hätte).

Oder:
Sie stellen fest, dass eine Fehlbuchung im System (Sie Schussel!) dazu führt, dass Ihre Umsatzsteuer-Voranmeldung falsch ist. Und das dürfen Sie nun der Finanzbeamtin schnell am Telefon erklären. Auch das hat sehr gut geklappt, und im Prinzip haben wir uns gemeinsam am Telefon beömmelt, weil ich so ein Schussel bin. Aber: die Anmeldung wurde korrigiert (das konnte ich Schussel nämlich) und dann war alles in Butter. Feini!

Mein Fazit:

aus den ersten zaghaften Anfängen meiner neu entdeckten „Freundlichkeit" hat sich eine liebgewonnene Routine entwickelt. Mein Bestreben ist es nun, möglichst viele Menschen davon zu überzeugen, dass das funktioniert. Damit wir alle es nett miteinander haben.

Sind Sie schon überzeugt, oder motzen Sie noch?

Horse Assisted Coaching.

„Sie benötigen keinerlei Vorkenntnisse im Umgang mit dem Pferd. Bitte ziehen Sie festes Schuhwerk an und witterungsbedingte Kleidung."
So die Ansage.

Alles klar: der Wetterbericht prophezeit 28 Grad für diesen Tag, die Gummistiefel kann ich also im Schrank lassen. Luftige Kleidung, feste Schuhe, eine Flasche Wasser gepackt und auf den Weg gemacht.

Es geht nach Langenfeld auf einen Reiterhof.
Das Training findet „Indoor" statt, jenes bedeutet in diesem Fall in der offenen Halle, wo auch voltigiert wird. Wir, eine Gruppe von 8 Personen lassen uns ein auf eine neue Erfahrung und sind alle gespannt. Einige kennen sich schon mit Pferden aus, ich bin ein absoluter Neuling und halte erst einmal gebührend Abstand zum Pferd.
Ist doch ganz schön groß...

Zwei Stunden später wendet sich das Blatt: die Stute findet meinen Arm sehr appetitlich und schlabbert an mir rum. Ich kann sie kaum auf Abstand halten – und irgendwie ist die Nähe zu diesem großen Tier überhaupt nicht beängstigend! Im Gegenteil: ich habe das Gefühl, dass sie mir sogar ein bisschen hilft!

Was ich hier mache?
Es geht um einen Schnupperkurs „Horse Assisted Coaching". Wir wollen erfahren, dass uns unsere Mitarbeiterinnen und Mitarbeiter freiwillig folgen - weil Sie uns und unseren Kompetenzen vertrauen. Wir lernen, unbewusste Signale noch besser zu steuern und zu verstehen, wie sich unser Verhalten unmittelbar auf die Mitarbeiter/innen auswirkt.
Das verspricht uns die Ankündigung in der Einladung.

Und wirklich,
wir sehen, dass das Pferd (unser Mitarbeiter) seinen eigenen Kopf hat. Gehen wir voran, muss und wird uns das Pferd noch lange nicht folgen. „Zeigen Sie, wohin sie gehen wollen. Wenn Sie selbst

zögern und den Plan nicht kennen, wieso sollte das Pferd Ihnen dann folgen?" werden wir darauf hingewiesen, dass Schüchternheit und zaghaftes Verhalten nicht zum Ziel führt. Und ja, es klappt: klare Ansage – klare Botschaft. Und schon gehen wir gemeinsam in die gleiche Richtung. „Prima gemacht! Jetzt dürfen Sie auch loben".

Wir loben anfangs schon viel zu früh... das Pferd folgt uns nicht – wir gehen zurück und versuchen, mit Lob zu motivieren. Das klappt... nicht!
Irgendwie auch verständlich... also Plan B ausprobiert: „Nochmal mit „Anlauf", und ohne Zögern"
– und schon gelingen uns Richtungswechsel, Übersteigen von Barrieren oder auch das Umgehen von Slalom-ähnlichen Hindernissen.

„Toll gemacht! Das Pferd versteht genau, was Sie meinen". Aufatmen, Erleichterung und ein etwas Stolz macht sich breit. Jetzt nur nicht übermütig werden „Nicht zu schnell gehen..." werde ich gebeten –

witzig, denke ich mir, dass ausgerechnet ich zu schnell gehen kann...

Jeder von uns Teilnehmern hat vermutlich noch ganz persönliche Botschaften und Erfahrungen mitgenommen. Mir jedenfalls geht es so.
Auf jeden Fall geht uns der Gesprächsstoff im Anschluss nicht aus: Kollegen, Chefs, Vergleiche mit den gerade gemachten Erfahrungen werden durchgesprochen, es wird geschmunzelt und philosophiert.

Mein abschließendes Fazit:
Eine sehr gelungene Veranstaltung – ich plane fest, noch einmal wieder zu kommen. Die Mischung dieser körperlichen Nähe zum Pferd in Verbindung mit Körpersprache ist für mich sehr stimmig und bereichernd. Im Vergleich zu vielen Teamevents mit klar sportlichem Fokus ist diese Form von gemeinsamen Erleben und Lernen stiller und sinnlicher – und für mich selbst auch viel nachhaltiger!

Wenn Sie neugierig geworden sind, diese Schnupperkurse finden immer noch statt, gerne vermittle ich den Kontakt.

Grüßen Sie von mir, und ziehen Sie witterungsbedingte Kleidung und festes Schuhwerk an.

Einsam sein.

Ein lauer Sommerabend, gemütlich bei einem Gläschen auf dem Balkon sitzen – feini!

Wir (3 Frauen) sitzen zusammen und klönen. Über dies und das. Und jenes.

Ganz spontan haben wir an diesen Abend zusammen gefunden – und freuen uns umso mehr. Warum eigentlich klappt das so selten? Wir grübeln.

Irgendwie hat das mit unseren Berufen zu tun: immer JWD (janz weit draußen) und unterwegs.

Somit wird also jedes Wochenende zum „Versorgungs-Wochenende": Wäsche waschen, trocknen und plätten, Lebensmittel einkaufen. Und dann noch die Wohnung auf Vordermann bringen (wieso eigentlich, man ist doch eh wieder unterwegs...).

Das deprimiert irgendwie, denn vieles bleibt auf der Strecke.

Wir isolieren uns. Freundschaften verkümmern, die Familie lebt nebenher. Es ist irgendwie ein kleines bisschen wie „weg sein". Am Anfang war das noch nicht so, aber mit der Zeit ist es so gekommen.

Ich fühle mit – denn diese Situation ist mir sehr vertraut. Ich kann mich noch gut an den Moment erinnern, als ich morgens im Hotel aufgewacht bin und nicht wusste, in welcher Stadt ich war. Ein Blick in den Hotelprospekt brachte mich in die Wirklichkeit – und dazu noch fasste ich einen Entschluss. Das ist NICHT MEIN Leben, es muss sich etwas ändern!

Zuhause angekommen erblickte ich den Boden der Tatsachen:
Das Leben der anderen war ohne mich weiter gegangen. Ich war allein.
Und musste mir meine eigenen Fragen gefallen lassen: „Was nun? Wie finde ich den Weg zurück?".
Gar nicht so einfach – oder vielleicht doch? Eigentlich schon! Was hindert mich daran, genau das zum Thema zu machen?
Ehrlich mit mir zu sein. Und zu den anderen.

Ich war es nicht: offen zu den anderen.

Wieder kam der Beruf dazwischen – und führte mich in eine neue Stadt.

In dieser habe ich – bis heute – keine Wurzeln schlagen können... Und nun endlich höre ich auf mein Bauchgefühl und spreche es aus. Ich will zurück!

An diesem lauen Sommerabend auf dem Balkon habe ich dieses Gefühl so stark gefühlt, dass es fast schmerzte. Und gleichzeitig fühlte ich Glück. Glück darüber, dass die Entscheidung schon getroffen war. Keine einsame Entscheidung, ganz im Gegenteil.

Dieser Abend hat mich noch lange verfolgt – ich habe über Vieles nachgedacht, bin dem Gesagten noch einmal nachgegangen.

Irgendwie war es traurig zu sehen, dass es nicht mir alleine so ging.

Oft ist es tröstend zu wissen, man ist mit seinen Gefühlen oder Gedanken nicht allein.

Hier war es aber nicht so.

Einsamkeit. Das ist es. Das bedrückt und macht traurig.

Und was nun?
Zwei Dinge fallen mir ein:

1. „Gemeinsam einsam sein" und offen
   mit sich und den anderen.
   Wenn sich die Situation ergibt und es
   passt,
   und schon ist das Gefühl kleiner.

2. „Spontan sein" und mehr von diesen
   Momenten schaffen, in denen man
   gemeinsam einsam sein kann.

Und da sind wir schon wieder bei meinem
Lieblingsbegriff, der „Klarheit". Meinem
Motto und meiner Strategie... die auch hier
wieder passt.
Na klar!

Lassen Sie das!

„???" werden Sie sich jetzt vielleicht fragen, oder „Was soll das denn?".
Ich verrate es Ihnen gerne:

Lassen Sie doch einmal locker! Und ich mache mit!
Und warum? Weil es gut tut! Und Verspannungen löst! Und... einfach ist.

Wir nehmen uns soviel vor. Strengen uns so sehr an, um unsere gesteckten Ziele zu erreichen.
Und die haben es in sich: nicht ein bisschen gut, sondern perfekt soll es sein! Nicht 100% (und das ist doch schon eine Menge), sondern gleich 150%. Oder vielleicht noch mehr?

Schon beim Schreiben dieser Zeilen merke ich, ich beiße meine Zähne zusammen.
Und genau das meine ich!
Wie geht es Ihnen gerade? Ist Ihr Kiefer entspannt? Liegt Ihre Zunge locker im Mundraum? Berühren sich Ihre Zahnreihen, oder stoßen sie aneinander?

Ich bin gerade „verbissen"..., unwillkürlich spanne ich an... und verbeiße mich.
Kennen Sie das?

Unsere Sprache hat so Vieles in sich. Bringt es so kurz und knackig auf den Punkt.
„Verbissenheit"!
Nicht umsonst sind Beißschienen auf dem Markt. Zähne knirschen ist sozusagen „hip".
Sind Sie auch ein Hipster?

Doch, warum ist das so? Wo kommt dieses Verhalten, diese Haltung eigentlich her?
Kurz gesagt sind Stress, Konflikte, ungelöste Fragen oft ein Auslöser dafür.
Das, worüber wir uns das Grübeln am Tage nicht zugestehen, nimmt sich unser Denkapparat halt im Schlaf vor. Wir sind nicht gefragt – viel schlimmer noch: können das gar nicht verhindern.
Gut, vielleicht mit einer Beißschiene... aber das war es dann auch.

Wirklich?
Natürlich nicht! Warum sonst sollte ich mich entschließen, diesen Text zu

schreiben? Es soll doch etwas Positives für uns alle dabei herauskommen!

Also, jetzt alle mitmachen und „locker lassen". Ein paar Mal am Tag bewusst „locker gelassen" und schon merken wir, wie „verbissen" wir vielleicht schon wieder waren.
Sie nicht? Prima! Dann haben Sie für sich schon gelernt, innerlich zu entspannen.

Wer autogenes Training kennt, oder vielleicht auch meditiert... der kennt das vermutlich schon. Für alle anderen hier eine kleine Hilfestellung: wackeln Sie mit dem Unterkiefer, schieben Sie ihn hin und her, hoch und runter. So, als wäre das Gelenk ein wenig ausgeleiert. Wenn Sie mögen, können Sie gleich die Schultern dazu kreisen lassen – und das war es dann auch schon.
Ist doch ganz einfach – und weil es lustig aussieht, macht es in Gemeinschaft noch mehr Spaß und lockert – das garantiere ich Ihnen – noch mehr auf.

Denn auch das ist Entspannung pur: Lachen! Wer schon einmal Muskelkater vom Lachen (im Gesicht, vielleicht auch im Bauch) hatte, der wird verstehen, worauf ich hinaus will. Lachen ist mehr, als die Regung im Gesicht. Der ganze Körper macht mit! Wir spannen die Bauchmuskeln an, unser Zwerchfell „tanzt", unser Gesicht macht gleich mit – was noch dazu kommt: für einen herrlichen Augenblick vergessen wir das Grübeln und schalten ab! Das ist toll! Wir „lassen" einfach alles andere... und lachen. Lachen macht nicht nur Spaß, es hat einen wertvollen Nutzen für uns. Situationen, in denen wir lachen, sind für uns weniger „anstrengend".

Ein Beispiel: erinnern Sie sich an Ihre Schulzeit. Gab es dort Lehrer, bei denen das Lernen überhaupt nicht anstrengend oder schwierig war? Versuchen Sie, sich an die Stimmung in der Klasse zu erinnern... war die angespannt und still (vielleicht sogar verbissen?) oder eher gelöst?

Da haben Sie es!

Holen Sie sich das wieder in Ihren Alltag zurück!

Und: Sie müssen nicht gleich einen ganzen Clown frühstücken, fangen Sie einfach mit seiner roten Nase an – die reicht fürs Erste.

Ich höre, was du sagst...

Ich hatte unlängst die Gelegenheit, mir genau über diese Aussage so meine Gedanken zu machen.
Was ist eigentlich damit gemeint? „Ich kann dich hören." oder vielleicht „Ich verstehe dich."?

Mir wäre die zweite Möglichkeit lieber, aus der Situation heraus jedoch bin ich mir da nicht so sicher. Womit wir beim Thema sind:
Warum ist einander verstehen so schwierig? Und vor allem: warum fällt uns das nicht auf?

Ohne das „Verstehen" ist unsere Kommunikation im Prinzip eine reine Glückssache.
Kann gut gehen und erfolgreich sein – muss aber nicht. Schade eigentlich.

Ich fange mal „ganz klein" an:
Geschäftlich wie auch privat konnte ich feststellen, dass persönliche Kommunikation (Sie wissen schon, alle zur gleichen Zeit am selben Ort, alle können

sich gegenseitig sehen oder hören oder beides...) oft der Schlüssel für ein erfolgreiches Verstehen und somit eine erfolgreiche Kommunikation ist. Und das in Zeiten, wo wir doch viel lieber Emails schreiben, Skypen oder Chatten oder vielleicht doch noch telefonieren.

Hatte ich schon die Gelegenheit, von meiner Leidenschaft für Conference-Calls oder Telefon-Konferenzen zu berichten? Nein? Danke, dass Sie mich daran erinnern!

Stellen Sie sich vor, Sie sind mit noch 10 weiteren Personen am Telefon „verabredet", Sie haben insgesamt ein Zeitfenster von 30 Minuten und es gibt wichtige Themen zu besprechen und besser noch: zu klären. Die Gelegenheit ist günstig, Sie sind schon „eingewählt" und lauschen der Warteschleifen-Musik. Als nächstes kommen die weiteren 10 in den Call (natürlich nacheinander), einer „fliegt raus" und muss sich nochmals einwählen. Die ersten 2-3 Minuten sind rum.
Alle begrüßen sich, noch eine weitere Minute ist rum.

Jemand kündigt an, früher aus dem Call „raus" zu müssen (wichtige andere Termine), zwei andere reagieren darauf – und schon wieder 1-2 Minuten rum.

Sie haben mitgerechnet? Noch 24 Minuten. Jetzt aber los.

Das erste Thema, eine Frage an einen der Mitanwesenden – keine Antwort? „Hallo, sind Sie noch da?" – Sie ahnen es, der Teilnehmer ist auf „Mute" und findet so schnell nicht den Knopf. Jemand anderes beginnt zu sprechen – der Mute-Knopf ist gefunden, man fällt sich ins Wort. Und nochmal. Und nochmal.

Ich habe jetzt schon keine Lust mehr – noch 22 Minuten. Puh...

Ich „spule" mal vor. In der Zwischenzeit ist wieder jemand rausgeflogen und hat sich aber nicht mehr eingewählt. Der „Früh-Aussteiger" verabschiedet sich, alle sagen „Tschüss" und die letzten Minuten mischen sich mit „Park-Distance-Control"-Geräuschen, Autobahn-Rauschen und Verlassen-Sound des Calls. Nochmal Puh.

Die Themen? Achja, wer hat den Protokoll geführt, damit die Verbindlichkeiten und Zuständigkeiten auch nachgehalten werden können? Zu spät.

Ist vielleicht auch besser so.

Im Auto telefonieren, ok. Aber noch protokollieren? Besser nicht.

Achja, die „Rausschleicher" habe ich ganz unterschlagen (die gehen auf „Mute" und hören aber weiter nicht mehr zu).

Ebenso diejenigen, die gar nicht in den Call gekommen sind – wegen der schlechten „Übersicht" jedoch gar nicht vermisst wurden...

Würden Sie sich jetzt auch lieber mit mir zu einem Meeting treffen?

Bestimmt – zumal das Catering auch besser ist ☺

Über mich.

Ich arbeite seit 2014 freiberuflich als Projektmanagerin, Kommunikationstrainerin, Coach und Projekttherapeutin zunächst von Bonn, seit Dezember 2014 von Wiesbaden aus.

Davor liegen mehr als 20 Jahre Erfahrungen im Projektmanagement und der Erwachsenenbildung:

- als PMO Expert

- als Consultant und Projektmanagerin

- als Ausbilderin und Trainerin

- als Abteilungsleitung eines PMO

- als freiberufliche Trainerin und Vortrags-Rednerin